Pour Philippe et Sophie

Retrouvez tous les albums de Geoffroy de Pennart
à la fin du livre.

11, rue de Sèvres, 75006 Paris
ISBN 978-2-37888-061-3
Loi n° 49-956 du 16 juillet 1949 sur les publications
destinées à la jeunesse : mars 2008
Dépôt légal : septembre 2020
Imprimé en Italie

Diffusion l'école des loisirs
www.editions-kaleidoscope.com

Geoffroy de Pennart

La princesse, le dragon et le chevalier intrépide

kaléidoscope

De l'autre côté de la montagne, il y a un paisible royaume
sur lequel règne une princesse, prénommée Marie.
Elle est chargée de faire la classe dans la petite école.
Un vieux dragon veille sur elle. Il s'appelle Georges.
Aussi loin qu'on s'en souvienne, Georges a été au service de la famille royale.

C’est lui qui, chaque jour avant la classe, allume le petit poêle à charbon de l’école. Les jours passent, la vie est simple, un tantinet monotone, mais Marie s’en contente. Georges est précisément en train d’allumer le petit poêle…

… quand un étrange chevalier surgit dans le décor.
« Ah, Flambard, voilà notre dragon ! Ma parole, je tombe à pic !
IL EST EN TRAIN D'ATTAQUER UNE ÉCOLE !! »
s'exclame le chevalier en fondant sur le malheureux Georges.

« MAIS QU'EST-CE QUE VOUS FAITES ! ARRÊTEZ ! ARRÊTEZ IMMÉDIATEMENT !
LAISSEZ GEORGES TRANQUILLE ! LAISSEZ GEORGES TRANQUILLE ! »
s'écrie la princesse Marie affolée.

Dès qu'il voit la princesse, Jules
– car notre jeune chevalier s'appelle ainsi –
en tombe éperdument amoureux.
Sa confusion est extrême.
« Le… ce dragon, vous… vous le connaissez, il… il… »
« Ce dragon, c'est Georges ! C'est lui qui allume le poêle à charbon !
Regardez ce que vous lui avez fait ! »

« Heureusement, ça n'a pas l'air trop grave. »
« SI, SI, C'EST TRÈS GRAVE ! C'EST TRÈS, TRÈS GRAVE !
OUILLE ! OUILLE ! AÏE ! AÏE ! OH QUE JE SOUFFRE ! » se récrie Georges aussitôt.
« Il faudrait de l'arnica, dit la princesse, il y en a dans la montagne. »
« Oui, très loin dans la montagne », ajoute Georges dans un râle.

À ces mots, Jules saute en selle.
« Princesse, la honte me submerge. Je veux m'amender !
Sur-le-champ, je cours quérir d'énormes quantités d'arnica
pour ce… euh, pour Georges !
En avant, Flambard ! »

« Holà ! Tout doux, chevalier, savez-vous
au moins comment trouver de l'arnica ? »
« Euh, à vrai dire,
je ne sais même pas ce que c'est »,
répond Jules piteusement.
« C'est bien ce que je pensais !
s'énerve la princesse en lui tendant
une image de son encyclopédie
des plantes. C'est une fleur jaune,
facile à reconnaître… »
« Formidable, je fonce ! Hue, Flambard !
TENEZ BON, GEORGES. »

Et il s'élance au galop.
« Attendez…
crie la princesse.
Écoutez ! Il y a de l'arnica
un peu partout
dans la montagne,
mais surtout
NE PRENEZ PAS
LA ROUTE DE GAUCHE !
Vous vous exposeriez
à de graves dangers ! »

« Ah, s'exclame la princesse dès que Jules est loin, je supporte mal ces chevaliers tout feu tout flamme, agités et énervants !
Je parie qu'il va se tromper. Regardons avec les jumelles. »

ATTENTION ! ROUTE RÉSERVÉE AUX HÉROS ET AUX FOUS : DANGERS INNOMBRABLES, DRAGONS, SORCIÈRES, BÊTES FÉROCES, PLANTES CARNIVORES, TREMBLEMENTS DE TERRE, CREVASSES, VOLCAN BOUM-BOUM, CHUTES DE PIERRES, ETC.
CHEMIN DES BRAVES GENS ALPAGES HERBAGEUX ET FLORISSANTS
VOYONS… QUE M'A DIT CETTE MERVEILLEUSE, CETTE ADORABLE PRINCESSE ? ELLE A PARLÉ DE LA ROUTE DE GAUCHE… HUM ! ICI, CHEMIN DES BRAVES GENS ET LÀ, RÉSERVÉ AUX HÉROS ! BIEN SÛR : LA ROUTE DE GAUCHE EST FAITE POUR MOI ! EN AVANT !

« Ah, tu vois, Georges, j'avais raison ! CET IMBÉCILE N'A RIEN ÉCOUTÉ !
IL N'A MÊME PAS LU MES PANNEAUX ! Il est fou ! C'est horrible ! »
« J'en étais sûr, je l'aurais parié. Ce type est cinglé ! » ricane Georges.

« Mais tiens, j'y pense, Georges, tu as l'air d'aller mieux ? »
constate la jeune fille.
« Bah, j'ai la peau dure et à vrai dire, j'en ai un peu rajouté.
Avec un hurluberlu de cette espèce, mieux vaut être prudent !
Enfin, il est parti, bon débarras ! »

« NON ! NON ! IL FAUT QU'IL FASSE DEMI-TOUR AVANT QU... Trop tard !
Il est aux prises avec le goinfrosaure à crête rouge ! »

« Ouf ! Il lui a réglé son compte…
Mais où étais-tu passé, Georges ? »
« Je suis allé me faire une compresse d'arnica, Princesse,
j'en avais dans mon placard. »
« COMMENT ?! Tu as de l'arnica dans ton placard !
Tu veux dire que nous avons envoyé ce garçon risquer sa vie pour rien ! »
« Mais Princesse, il ne s'est pas fait prier ! Et puis, c'est lui qui a commencé ! »

« Aïe ! Aïe ! Misère ! À présent, une meute de bouffetoucrus est à ses trousses ! »

« Bravo ! Les bouffetoucrus sont cuits ! »

« Mais miséricorde, voici un crapoton géant et un ignoble pustulos ! »

« GEORGES ! IL A BESOIN D'AIDE ! »
« Ooooh, mal à la tête. »

« Oui ! Il a envoyé le crapoton au tapis ! Et OUIIIII ! Adios le pustulos !
Mais voici les gloubignasses maintenant !
GEORGES, IL FAUT QUE NOUS L'AIDIONS ! »

« Qu’il se débrouille ! Il n’avait qu’à prendre la bonne route.
Après tout, vos panneaux ne sont pas faits pour les chiens ! »
« OUI ! Il a liquidé les gloubignasses et en plus il est en train de cueillir
DE L’ARNICA POUR TOI ! »

« Attention derrière : une renifleuse péteuse ! »

« GEORGES, JE T'EN SUPPLIE, VOLONS À SON SECOURS. »
« Pas question ! C'est lui tout seul qui s'est mis dans le pétrin ! »
« OH ! IL EST VRAIMENT FORMIDABLE !
Il a réussi à se débarrasser de la renifleuse ! Il est sauvé ! »

« Mais pourquoi va-t-il par là ?
Il se dirige droit vers le volcan Boum-Boum ! Il est fou ! »

« GEORGES, JE NE LE VOIS PLUS ! Ah, mon cœur ! Je vais me trouver mal ! »
« Allons, ma princesse, ne vous mettez pas dans des états pareils
pour un zigoto de cette espèce.
Asseyez-vous là, je vais vous chercher un peu d'eau fraîche. »

« GEORGES, NOUS N'ALLONS PAS RESTER ICI SANS RIEN FAIRE !
D'un coup d'aile, nous pouvons le ramener ici ! »
« Mais Princesse, je suis si faible. Ouille ! Aïe ! Ma blessure ! Oh ! que j'ai mal ! »

« Ça suffit ! Même si ce courageux garçon est en train de risquer
sa vie pour toi, nous savons bien que ce n'est qu'un petit bobo de rien du tout ! »
« Mais Votre Majesté ! Le volcan Boum-Boum est extrêmement dangereux !
Ça pète de partout ! Je… vous… c'est de la folie ! »

« JUSTEMENT ! Allons-y ! »
La princesse Marie enfourche le vieux dragon.

Alors que, contraint et forcé, Georges prend son envol,
Jules, le chevalier intrépide, surgit dans un nuage de poussière.
Il est en piteux état, son pourpoint est déchiré, son heaume est cabossé,
il a une dent cassée et un œil poché, son fidèle Flambard est tout crotté,
mais il brandit fièrement deux énormes bouquets.

Il lance le premier au dragon :
« VOICI L'ARNICA, MON VIEUX GEORGES, j'espère qu'il y en aura assez ! »
Puis il se tourne vers la princesse :

« Et… euh… Majestesse… euh… ma princesse…
J’ai aperçu ces roses rouges au pied d’un volcan… euh… passablement agité.
Elles sont pour vous… pour me faire pardonner…
Euh… mon nom est Jules et je vous aime. »
« Vous êtes fou, Jules ! » répond la princesse (charmée).
« C’est bien ce que je me tue à répéter », grommelle Georges.

« Tu nous fatigues, Georges ! Va donc te coucher… après tout, *tu es si faible…* »

FIN

Les albums de la série des loups

Retrouvez plus d'informations sur
www.geoffroydepennart.com
www.editions-kaleidoscope.com
www.ecoledesloisirs.fr